DE WAARDEKETEN VAN MICHAEL PORTER

BELANGRIJKE INFORMATIE

- **Namen:** waardeketen, de waardeketen van Michael Porter.

- **Toepassingen:** verbetering van het concurrentievermogen, verlaging van de kosten, verhoging van de toegevoegde waarde.

- **Waarom is het succesvol?** Het kan worden aangepast aan alle soorten bedrijven, verhoogt de prestaties drastisch en bestaat uit een reeks duidelijke, welomschreven stappen.

- **Trefwoorden:** concurrentievoordeel, waardecreatie, analyse-instrument, onderverdeling van activiteiten.

INLEIDING

Geschiedenis

De Harvard Business School professor Michael E. Porter (geboren in 1947) staat bekend om zijn werk over concurrentiestrategie, concurrentievermogen en de economische ontwikkeling van landen, staten en regio's.

DE WAARDEKETEN VAN MICHAEL PORTER

Ontsluit het concurrentievoordeel van uw bedrijf

50MINUTES.com

DE WAARDEKETEN VAN MICHAEL PORTER

Ontsluit het concurrentievoordeel van uw bedrijf

geschreven door Xavier Robben
vertaald door Nikki Claes

50MINUTES.com

In de jaren tachtig begon hij zich te verdiepen in het begrip concurrentievoordeel en ontwikkelde hij een aantal strategische theorieën in het boek *Competitive Advantage: Creating and Sustaining Superior Performance* (1985). Veel van deze theorieën werden snel overgenomen door bedrijven die hun resultaten wilden verbeteren.

Volgens hem bereiken bedrijven superioriteit door hun beheersing van de concurrentiekrachten, bekend als "de vijf krachten van Porter". Dit is een sleutelbegrip in modern management, en werd door Porter onderzocht in *Competitive Strategy: Techniques for Analyzing Industries and Competitors* (1980; opnieuw uitgegeven met een nieuwe inleiding in 1998).

Definitie van het model

Een waardeketen is een reeks handelingen die worden verricht om een waardevol product of een waardevolle dienst op de markt te brengen.

Elke onderneming, vereniging of organisatie die waarde creëert en haar concurrentievermogen wil verbeteren, kan de waardeketen gebruiken om haar doelstellingen te bereiken. Het model stelt bedrijven in staat elk van hun activiteiten te analyseren om elke stap zo veel mogelijk te verbeteren en zo hun concurrentievoordeel te maximaliseren. De waardeketen is een waardevol instrument in strategisch management, omdat het werkt aan de positionering van een product of dienst op de markt.

De waardeketen heeft drie hoofddoelstellingen:

* diensten verbeteren

* de kosten verminderen

* waarde creëren.

THEORIE

WAARDECREATIE

Voordat zij een concurrentievoordeel kunnen ontwikkelen, moeten bedrijven het concept waardecreatie begrijpen. Dit is een analytisch systeem dat ontworpen is om de verschillende functies van een bedrijf op te splitsen en hun kosten te onderzoeken, met als doel de middelen zo doeltreffend mogelijk over de hele keten te verdelen. Hierdoor kunnen producten strategisch op de markt worden gepositioneerd op basis van hun kosten of differentiatie.

De kosten kunnen worden verlaagd door:

* het optimaliseren van het productieproces;

* inkoop van grondstoffen tegen lagere kosten;

* innoveren;

* werken aan de functionaliteit van een product voor meer differentiatie;

* het verhogen van de productiekwaliteit;

* het verbeteren van de klantenservice;

* verkorting van de levertijden door een goede logistieke organisatie.

Een doeltreffende analyse van de verschillende functies van de onderneming kan de productiviteit verhogen en leiden tot duurzame en winstgevende groei.

ONDERDELEN

Het model van Porter omvat negen belangrijke waarde-genererende functies, die in twee categorieën zijn onderverdeeld:

* Er zijn vijf primaire activiteiten die rechtstreeks van invloed zijn op de toegevoegde waarde van het eind-product. Deze categorie omvat de activiteiten in verband met inkomende logistiek (1), exploitatie (2), uitgaande logistiek (3), marketing en verkoop (4) en diensten (5).

* Er zijn vier ondersteunende activiteiten die indirect betrokken zijn bij het creëren van de uiteindelijke toegevoegde waarde. Dit zijn de activiteiten in verband met de infrastructuur van de onderneming (1), de menselijke hulpbronnen (2), de technologische ontwikkeling (3) en de inkoop (4).

 # DE SELECTIE VAN WAARDEGENERERENDE ACTIVITEITEN

De selectie van waardegenererende activiteiten is gebaseerd op drie criteria:

Berusten zij op verschillende economische mechanismen?

Maken zij een aanzienlijk deel van de kosten uit?

Hebben zij rechtstreeks invloed op het concurrentievoordeel?

Porter geeft het bedrijf weer aan de hand van een eenvoudig schema, waarin de primaire activiteiten verticaal zijn geplaatst en de ondersteunende activiteiten horizontaal. De marge vertegenwoordigt het verschil tussen de uiteindelijke waarde van het product en de totale kosten die ermee gepaard gaan (creatie, lancering, enz.). De grootte van de marge hangt af van het concurrentievoordeel van elk van de negen bedrijfsfuncties. Elk bedrijf heeft zijn eigen schema, dat zal variëren afhankelijk van tal van verschillende factoren, waaronder het karakter, de bedrijfstak, de positionering en de efficiëntie.

 # CONCURRENTIEVOORDEEL

Het concurrentievoordeel van een onderneming ten opzichte van haar concurrenten blijkt uit een vergelijking van hun waardeketens. De kwaliteit van een activiteit heeft een rechtstreeks effect op de kosten, de tevredenheid van de klant en de grootte van de marge. De analyse van een functie geeft niet altijd een positief resultaat, omdat kan blijken dat sommige functies waarde verbruiken of minder waarde genereren dan de concurrenten van de onderneming.

Primaire activiteiten

De primaire activiteiten zijn de belangrijkste functies die binnen een onderneming zijn georganiseerd. Zij dragen rechtstreeks bij tot de creatie van het product, de marketingactiviteit, het verkoopbeleid, de levering aan de eindklant en de dienst na verkoop. Hoewel niet alle bedrijven op dezelfde manier werken, voeren de meeste deze vijf primaire activiteiten uit:

- **(1) Inkomende logistiek** verwijst naar de procedure voor het verwerven van middelen, waaronder grondstoffen, de ontvangst van deze materialen, het invoeren van voorraden, enz.

- **(2) De activiteiten** omvatten het gebruik van grondstoffen, de productie van goederen, kwaliteitscontrole, verpakking, onderhoud, enz.

- **(3) Uitgaande logistiek** omvat de uitvoer van voorraden, de voorbereiding van bestellingen, de levering aan distributeurs en eindgebruikers, enz.

- **(4) Marketing en verkoop** omvat promotie, communicatie, prijsstelling, reclame, beheer van distributiekanalen, enz.

- **(5) Diensten** omvatten reparatie, onderhoud, service na verkoop, enz.

 ## DE VERWEVENHEID VAN PRIMAIRE ACTIVITEITEN

Deze activiteiten staan niet los van elkaar, en een goede beheersing van één onderdeel kan een positief effect hebben op de andere onderdelen van de keten. De verschillende functies zijn met elkaar verbonden, wat een reeks gevolgen kan hebben wanneer de activiteiten worden gewijzigd. Deze verbanden, die vaak onopgemerkt blijven, spelen een belangrijke rol bij kostenbeheersing en concurrentievoordeel.

Ondersteunende activiteiten

Ondersteunende activiteiten dragen bij tot het goede verloop van de activiteiten door de onderneming in staat te stellen haar primaire activiteiten uit te voeren en te coördineren met het oog op een maximale effici entie. Dit zijn:

- **(A) Bedrijfsinfrastructuur**, waaronder het algemeen, financieel en administratief beheer, de juridische dienst en de diensten belast met planning, kwaliteitscontrole, enz.

- **(B) Personele middelen**, die betrokken zijn bij aanwerving, opleiding, beloningsprocessen, beheer van vaardigheden, organisatiestructuur, bonusbeleid, ontslagen, enz.

- **(C) Onderzoek en ontwikkeling omvat de** selectie van onderzoek en technologie, het vermogen om te innoveren, de ontwikkeling van producten of diensten, de veiligheid van producten, het beheer van octrooien, enz.

- **(D) Inkoop (of bevoorrading)** omvat methoden voor de aankoop van grondstoffen, het vinden van leveranciers, onderhandelingen met leveranciers, huur van gebouwen, enz.

Ondersteunende activiteiten kunnen van invloed zijn op sommige van de primaire activiteiten. Maar hoewel de hierboven beschreven functies veel voorkomen, zijn ze niet in elk bedrijf aanwezig.

 ## GEBRUIK VAN DE WAARDEKETEN

In theorie verdient het de voorkeur dat ondernemingen de waardeketen van Porter gebruiken voordat hun strategie en positionering voor elk product te kiezen. In de praktijk is dit echter niet altijd het geval.

EEN AANPASBAAR MODEL

Bij het definiëren van dit concept benadrukt Porter de dringende noodzaak van een gepersonaliseerde aanpak. Hij adviseert bedrijven eerst te kiezen tussen een korte of lange waardeketen, afhankelijk van het belang van bepaalde activiteiten of het gebrek daaraan. Soms is het ook nodig de waardeketen te reorganiseren om zich van de concurrenten te onderscheiden. Ten slotte wijst Porter erop dat de sleutel tot concurrentievoordeel ligt in zowel de reorganisatie als de onderlinge verbondenheid van de verschillende activiteiten. Als een van de activiteiten zich onafhankelijk van de andere ontwikkelt, kan er immers een onevenwicht tussen de verschillende onderdelen ontstaan dat nieuwe kosten genereert.

 Toepassingen voor dienstverleners

Hoewel de terminologie die wordt gebruikt om het concept voor te stellen verband houdt met de vervaardiging van producten ("opslag", "productie", "reparatie", enz.), werkt de waardeketen even goed voor bedrijven die diensten verlenen.

BEPERKINGEN EN UITBREIDINGEN

BEPERKINGEN EN KRITIEK

Hoewel het model van Porter al in de jaren 1980 werd ontwikkeld, blijft het vandaag de dag relevant en biedt het nog steeds de nodige instrumenten voor ondernemingen die de toegevoegde waarde van hun activiteiten willen verhogen en hun productiekosten willen verlagen. Toch heeft de waardeketen, ondanks zijn onmiskenbare doeltreffendheid, bepaalde beperkingen en wordt hij steeds vaker bekritiseerd.

Ten eerste is de uitvoering van deze methode relatief lang en ingewikkeld:

- de hoeveelheid gegevens die nodig is om de waardeketen te gebruiken is immens en vaak moeilijk te verkrijgen;

- de interpretatiemarge is te groot, hetgeen de analyse kan schaden en het eindresultaat kan vertekenen;

- het gebrek aan precisie zou de analyse kunnen beïnvloeden.

Ten tweede zet de wens om een concurrentievoordeel op een markt te behouden ondernemingen ertoe aan een kostenbeheersingsbeleid te voeren, wat op zich een van de belangrijkste beperkingen van het model is. Als alle ondernemingen deze kostenbeheersingsstrategie toepassen, zullen de prijzen steeds lager worden, maar ondernemingen kunnen hun kosten niet onbeperkt verlagen.

Ten derde is het moeilijk om het begrip waardecreatie in verband met deze keten te bepalen, aangezien waarde door verschillende economen verschillend wordt opgevat:

- De neoklassieke economie (begin 19e eeuw) is gebaseerd op het subjectieve nut of de relatieve waarde gekoppeld aan het al dan niet ruilen van productiekosten. Met andere woorden, de waarde van een product hangt af van de waarde van een ander product op dezelfde markt.

- Hiertegenover staat de klassieke economie (tussen 1760 en 1848, in Frankrijk en Engeland), die de waarde als absoluut beschouwt en bepaalt volgens de kenmerken van het object.

Het model van Porter lijkt dichter bij het neoklassieke denken te staan en is gebaseerd op de interpretatie van de wil van de klant. Meer in het algemeen beschuldigen zijn critici hem van een algemeen gebrek aan duidelijkheid en precisie in zijn definities, en menen zij dat zijn theorie de empirische gegevens mist die nodig zijn om haar te rechtvaardigen.

De hierboven geschetste beperkingen en kritiek vormen geen volledige lijst, en velen zijn het erover eens dat de grondslagen van de keten zijn aangevuld door het werk van andere, minder bekende economen. Maar hoewel hij zeker met zorg moet worden gebruikt, blijft de waardeketen een essentieel instrument in het bedrijfsbeheer.

VERWANTE MODELLEN EN UITBREIDINGEN

De vijf krachten van Porter

Michael Porter heeft altijd geprobeerd de problemen in verband met concurrentie te begrijpen. Enkele jaren voor de publicatie van zijn onderzoek naar de waardeketen besefte hij dat de concurrentiestructuur van een onderneming te eng gedefinieerd was. Hij heeft ook het model van de "vijf krachten van Porter" opgesteld, dat kan worden gebruikt om concurrentievoordeel te behouden en winstgevendheid op lange termijn te verzekeren. Deze krachten zijn:

* **Concurrentie in de sector.** Bedrijven binnen dezelfde sector vechten om hun positie te behouden.

* **Onderhandelingsmacht van de leveranciers.** Hoe machtiger een leverancier, hoe meer hij voorwaarden kan opleggen (prijs, kwaliteit, hoeveelheid). Het omgekeerde geldt voor minder machtige leveranciers.

* **De onderhandelingspositie van klanten.** Zij stellen eisen aan prijs, service en kwaliteit, wat op zijn beurt de winstgevendheid van een markt beïnvloedt.

* **Dreiging van nieuwkomers.** Dit hangt af van factoren zoals de omvang van de markt (schaalvoordelen), de wens tot bedrijfsdiversificatie, de kosten van toetreding, de toegang tot grondstoffen en technische

normen. Nieuwe concurrenten verstoren onvermijdelijk de hiërarchie van de marktdeelnemers.

- **Dreigende substitutieproducten.** Zij vormen een alternatief voor het marktaanbod en hebben over het algemeen een betere prijs-kwaliteitverhouding.

Elk onderdeel van dit model wordt indirect beïnvloed door de wet- en regelgeving van de overheid.

PRAKTISCHE TOEPASSING

ADVIES EN TIPS

In tegenstelling tot de algemene boekhouding is de waardeketen niet wettelijk bindend, maar het blijft een belangrijk instrument in het bedrijfsbeheer. Hoewel er een aantal verschillende benaderingen mogelijk zijn, is het zeer raadzaam de traditionele methode in zes stappen te gebruiken die hieronder wordt beschreven.

Opzetten van de analyse

De eerste fase is het bepalen van het te onderzoeken gebied. Dit vereist een goed begrip van het productieproces volgens de waardeketen en de identificatie van alle verbindingen tussen de verschillende activiteiten. Vervolgens moet het beginpunt (de leveranciers van grondstoffen) en het eindpunt (de voorraad eindproducten of de klant) van de totale processen van het bedrijf worden bepaald.

In kaart brengen van de huidige waardeketen

Het gaat erom de representatieve waardeketen van de onderneming van A tot Z op te stellen en daarbij alle verschillende stadia te vermelden. In het algemeen worden deze stadia geïllustreerd door vierkanten, voorraden door driehoeken en overdrachten door pijlen.

Deze vereenvoudigde waardeketen kan de centrale inkoop (1) voorstellen, die de goederen in voorraad stuurt voor aankoop (2). De goederen gaan vervolgens naar de werkplaats (3), waar ze een kwaliteitscontrole ondergaan (4), voordat ze bij de voorraad eindproducten worden gevoegd (5). Zodra de producten zijn besteld, gaan zij naar de distributiezone (6).

Het verzamelen van authentieke gegevens

Deze stap heeft tot doel relevante informatie te verzamelen over alle activiteiten en connecties, maar ook om de authenticiteit ervan te verifiëren. De te verzamelen gegevens verschillen van bedrijf tot bedrijf, afhankelijk van de structuur en de sector. Een dienstverlenend bedrijf houdt zich bijvoorbeeld niet bezig met productieprocessen, in tegenstelling tot een industrieel bedrijf. Industrieën moeten meer te weten komen over de lengte van een activiteitencyclus, het aantal werknemers dat voor elke fase nodig is, de verplaatsingsafstand en -tijd tussen elke stap, de kosten van de activiteiten, de efficiëntie van de gebruikte machines, de omloopsnelheid van de voorraden, de waarde van de activa, de verhouding defecte producten, enz.

Indienen van het diagram en de gegevens

Vervolgens is het nuttig de geplande waardeketen met de betrokkenen te bespreken. De werknemers moeten bijvoorbeeld naar hun mening worden gevraagd over het productieschema. De teamleden kunnen namelijk een andere kijk hebben op het proces van het bedrijf, en door hen te raadplegen kunnen verkeerd geïnterpreteerde aspecten worden rechtgezet. Het verdient aanbeveling om in dit stadium de duur van de uitvoering en de duur van de evaluatie aan het diagram toe te voegen. De eerste schat de tijd die nodig is om het proces te voltooien, terwijl de tweede de tijd meet voor het opnemen van waarde. Vergelijking van deze twee gegevens kan helpen bij het identificeren van gebieden die voor verbetering vatbaar zijn.

Herstructurering van de waardeketen

Bij de vijfde stap wordt gekeken naar de lijst met vragen die in 1999 door Mike Rother en John Shook is opgesteld. Door deze vragen te beantwoorden kan het bedrijf de waardeketen opnieuw bekijken en eventueel herontwerpen. De acht door deze twee economen behandelde thema's zijn bedoeld om het concurrentievoordeel te bevorderen, en het doel van deze fase is in wezen het veranderen of elimineren van activiteiten die weinig of geen waarde creëren. Hoe dichter de uitvoeringsperiode bij de ontwikkelingsperiode ligt, hoe meer de onderneming erin geslaagd is haar onnodige overdrachten te verminderen. Zodra het optimum (of het evenwicht) is bereikt, is het tijd om het bedrijf voor te stellen via een geherstructureerde waardeketen.

Mike Rother en John Shook's acht vragen zijn:

• Wat is de duur van de waardeketen?

• Wordt de productie in een winkel bewaard of wordt ze rechtstreeks naar de expeditieafdeling gestuurd?

- In welke delen van de waardeketen kunt u gebruik maken van continue verwerking?

- Waar moet u het supermarkttreksysteem gebruiken?

- Op welk enkel punt in de productieketen (het "pacemakerproces") plant u de productie?

- Hoe gaat u de productie verfijnen?

- Hoe gaat u het pacemakerproces plannen?

- Welke gerelateerde procesverbeteringen zijn nodig?

 DUWEN EN TREKKEN

Push- en pull-stromen zijn de stromen van goederen, koopwaar of andere componenten die voortvloeien uit prognoses. Pull-stromen worden gestuurd door prognoses, terwijl push-stromen worden gegenereerd door bestellingen van klanten.

Zodra u deze vragen heeft beantwoord, is het belangrijk om:

- het concurrentievoordeel kwantificeren op basis van een concurrerende waardeketen op de markt;

- de verschillende activa van het bedrijf op te nemen;

- de waardescheppende activiteiten te beoordelen;

- bedenken dat concurrentievoordeel niet alleen voortkomt uit de prestaties van elke activiteit, maar ook uit de verbindingen daartussen.

Planning van verbeteringsacties

Zodra de onderneming heeft bepaald welke activiteiten kunnen worden verbeterd, moet zij de nodige middelen vinden om haar prestaties te verbeteren. Het is raadzaam zich daarbij te baseren op het hertekende schema en alle taken van de negen activiteiten (primaire en ondersteunende) op te sommen. Vanaf de leveranciers tot de eerste wijzigingen zal het bedrijf de follow-up-analyse in elke fase opnieuw moeten uitvoeren vanaf het beginpunt. Een herontworpen activiteit kan immers een impact hebben op de andere vanwege de onderlinge verbanden, en deze wijzigingen kunnen gevolgen hebben voor de waardeketen van het bedrijf.

Het succes van deze analysecyclus, waarbij het uitgangspunt steeds hetzelfde is, berust op vier regels:

- het proces is continu en respecteert de productiecyclus;

- de keten maakt een eenvoudige, efficiënte productiecontrole mogelijk;

- het bedrijf profiteert van verbeteringen in het kosten- en orderbeheer;

- neemt de uitvoeringssnelheid toe terwijl het volume van de opgeslagen voorraad afneemt.

Advies

De waardeketen van Porter is een veelgebruikt instrument op het gebied van management, maar onjuist gebruik kan de doeltreffendheid ervan verminderen. De meest voorkomende fouten zijn:

- Onnauwkeurigheid bij het bepalen van de reikwijdte van de waardeketen.

- Een waardeketen ontwikkelen op basis van een diagram dat de relaties tussen activiteiten vertekent.

- Een stap in de waardeketen vergeten. Het is daarom zeer raadzaam om de reis van het product binnen de onderneming fysiek te volgen, van de voorraad grondstoffen tot de verzending van het eindproduct, om ervoor te zorgen dat elke stap volledig in de analyse wordt opgenomen.

CASUS – INDUSTRIEEL BEDRIJF

Context

Hoewel het model van Porter niet beperkt is tot industriële ondernemingen, hebben wij gekozen voor het voorbeeld van een staalbedrijf met een lange waardeketen. Dit staalbedrijf heeft hard gevochten om wereldwijd marktleider te worden. Naast fusies en andere overnames maakte haar aanpassingsvermogen haar tot leider in haar sector. Het bedrijf gebruikte verschillende methoden om zijn bedrijfsvoering te verfijnen, waaronder de waardeketen.

Haar voornaamste activiteit is de assemblage van verschillende machines en gereedschappen die fijn schroefdraad kunnen snijden op stalen buizen. Eenmaal in elkaar gezet, stellen zij de klanten in staat gas of olie te winnen.

Het bedrijf koopt zijn grondstoffen (staal en gietijzer) en uitbestede onderdelen bij verschillende leveranciers. De aankopen worden opgeslagen voordat ze worden doorgestuurd naar het sorteercentrum, waar ze een conformiteitstest moeten doorstaan. Na controle worden ze opgeslagen in een ruimte die "bedrijfsvoorraad" wordt genoemd. Vervolgens worden de onderdelen naar de werkplaats gestuurd. Voor dit bedrijf is het voorraadbeheer een ingewikkelde taak, aangezien slechts 80% van de onderdelen van de ene machine naar de andere identiek is. Klanten hebben hun eigen buizen en de apparaten moeten zich daaraan kunnen aanpassen. De productie van het product is een zeer complex proces dat vier tot zes maanden in beslag neemt. Zodra de machines klaar zijn, worden ze opgeslagen voordat ze een reeks tests ondergaan om ervoor te zorgen dat ze goed werken. Vervolgens worden ze verpakt om schade tot een minimum te beperken en naar hun eindbestemming vervoerd. Bovendien houdt het bedrijf zich ook bezig met de reparatie van slecht gekalibreerde, defecte of verouderde apparatuur.

Dit productieproces, dat meer dan 25 jaar geleden is ontwikkeld, wordt nog steeds gebruikt, hoewel er enkele wijzigingen zijn aangebracht. Het bedrijf heeft zijn structuur gereorganiseerd om de resultaten te verbeteren, ondanks de complexiteit en de hoge kosten daarvan. Dit was een noodzakelijke beslissing voor het bedrijf om zijn positie als wereldleider in de sector te behouden.

Reorganisatie van de waardeketen binnen het bedrijf

Voor een volledige doorlichting van haar organisatie heeft de onderneming een beroep gedaan op een extern team van gekwalificeerde managementdeskundigen:

- Samen met de managers brachten zij eerst de te analyseren activiteiten in kaart en kozen zij een beginpunt (de ontvangst van grondstoffen) en een eindpunt (levering aan klanten). Het was echter noodzakelijk de vijfde kernactiviteit te verbinden met de derde, aangezien machines na reparatie in de vijfde activiteit worden doorgestuurd naar de klant.

- Vervolgens ontwierpen zij de waardeketen, waarbij zij erop letten de stappen (vierkanten), de voorraad (driehoeken) en het vervoer (pijlen) aan te geven.

- Het externe team stelde vervolgens een vragenlijst van 20 bladzijden op om nauwkeurige gegevens te verzamelen op basis van de activiteitsgebieden van het bedrijf. Managers en hun ingenieurs beantwoordden eerst de vragen die specifiek waren voor hun gebied. Om de gegevens vervolgens te controleren en aan te passen, stelden de deskundigen deze informatie ter beschikking van alle werknemers. Hun opmerkingen verduidelijkten de eerder gegeven antwoorden. Het externe team schatte ook de duur van do uitvoering en het herstel om mogelijke oorzaken van vertraging vast te stellen: na vergelijking suggereerden de bevindingen dat de uitvoeringstijd te lang was.

Aan de hand van de antwoorden op de vragen van Rother en Shook konden de deskundigen de verschillende tekortkomingen van de waardeketen van het bedrijf vaststellen. Het bedrijf heeft ontdekt dat:

- Haar concurrentievoordeel in de waardeketen komt voort uit het efficiënte beheer van de grondstoffenvoorraden.

- Zijn vermogen was hoofdzakelijk gebaseerd op productiekosten die verband hielden met de uitstekende arbeidskrachten en de productiviteit van de machines.

- Er waren twee punten die voor verbetering vatbaar waren, één op het niveau van de productie en één op het niveau van de organisatie. Uit het eerste bleek dat een groot aantal machines niet was afgestemd op de eisen van de klant, terwijl uit het tweede bleek dat de tijd tussen fasen en voorraadgebieden te lang was.

- Veel stukken braken tijdens het productieproces. Dit was niet te wijten aan productiefouten, maar aan de aankopen verderop in de keten, en meer bepaald aan de uitbestede artikelen.

Na de verbetering van de waardeketen door de deskundigen heeft het bedrijf drie belangrijke veranderingen geconstateerd:

- verminderde machine productietijd;

- lagere productiekosten;

- verbetering van de levering van eindproducten, die beter aansluiten bij de verwachtingen van de klant.

Door de verschillende productieroutes te analyseren kon het bedrijf vervolgens bepaalde activiteiten verbeteren om de resultaten te optimaliseren en zijn marktleidende positie te behouden.

Redenen voor wereldwijd leiderschap

- **Coördinatie met de klanten.** Een groot probleem waarmee het bedrijf werd geconfronteerd, was het gebrek aan precisie bij de uitvoering van klantenorders. De machines moesten schroefdraad snijden op de in de werkplaats beschikbare buizen, ook al kwam de diameter van de buis niet altijd overeen met de eisen van de klant. Ze moesten dan terug naar het bedrijf voor aanpassingen. Dit voor de hand liggende organisatorische probleem werd opgelost door de bouw van een magazijn voor de buizen van de klanten. De machines kunnen nu nauwkeurig werken en het bedrijf maakt zich geen zorgen meer over klachten.

- **De organisatie van het bedrijf.** In het begin was het bedrijf slechts een kleine onderneming met een paar werknemers. In de loop der jaren is het aantal bestellingen exponentieel toegenomen. Het bedrijf is geleidelijk gegroeid door uitbreiding van de voorraadgebieden en het aantal ruimten voor werkplaatsen en kantoren. Toen de eerste plaatselijke vestiging te klein werd om de activiteiten uit te voeren, bouwde het bedrijf een tweede en vervolgens een derde, waar de grondstoffen en eindproducten zorgvuldig werden opgeslagen. De deskundigen stelden vast dat het te lang duurde om zware voorraden te vervoeren tussen de eerste vestiging (gebruikt voor de fabricage) en de derde, en dat de voorraden de hele werkplaats moesten doorkruisen om de assemblagelijn te bereiken. Het bedrijf besloot toen de functies van de eerste twee magazijnen om te keren. Door ze volgens de workflow te rangschikken zijn de afstanden tussen de werkplaats, de voorraadruimten en de sorteer- en controlecentra verkleind.

- **Betere kwaliteit van de uitbestede onderdelen**. Uit de gegevens bleek dat er te veel gebroken stukken waren en uit de analyses bleek dat deze voornamelijk afkomstig waren van onderaannemers in Oost-Europa. Het probleem was de kwaliteit van hun grondstoffen. Om concurrerend te blijven kon het bedrijf deze mechanische onderdelen niet zelf vervaardigen of van leverancier veranderen, omdat ze allemaal relatief duurder waren. Om de kwaliteit te waarborgen koopt het bedrijf nu grondstoffen bij leveranciers in Frankrijk die het naar Tsjechië en Polen stuurt om de onderdelen te vervaardigen. Hoewel de kostprijs is gestegen, profiteert het bedrijf nu van een vermindering van het aantal bestellingen.

Zonder deze belangrijke veranderingen had de onderneming geen wereldmarktleider kunnen blijven. Het herontwerp van de waardeketen ging gepaard met complexe beslissingen die, hoewel duur, gunstig zijn gebleken voor de hele onderneming.

SAMENVATTING

- Het door Michael Porter ontwikkelde concept van de waardeketen verscheen voor het eerst in zijn boek *Competitive Advantage uit 1985: Creating and Sustaining Superior Performance*.

- De waardeketen is een bedrijfsmanagementmodel dat de waardecreatie binnen een bedrijf in kaart brengt.

- Met dit analyse-instrument kunnen bedrijven al hun activiteiten analyseren om de minder efficiënte gebieden op te sporen en te verbeteren en zo hun concurrentievoordeel te maximaliseren.

- De waardeketen omvat negen activiteiten, die in twee categorieën kunnen worden onderverdeeld: vijf primaire activiteiten en vier ondersteunende activiteiten.

- De analyse van de waardeketen omvat zes fasen: bepalen van het te onderzoeken gebied, opstellen van de waardeketen, verzamelen en verifiëren van gegevens, voorleggen van de gegevens aan de teamleden voor hun feedback, reorganiseren van de keten en actieplanning.

- Dit instrument heeft vele voordelen: het kan aan alle soorten ondernemingen worden aangepast; het verbetert het concurrentievermogen; het biedt duidelijke en welomschreven stappen om de analyse van de waardeketen doeltreffend uit te voeren, enz.

- Evaluatie is echter een langdurig proces waarvoor een grote hoeveelheid gegevens nodig is. Bovendien speelt persoonlijke interpretatie een belangrijke rol, waardoor het model minder nauwkeurig kan zijn.

- De waardeketen kan worden gebruikt naast andere even belangrijke modellen in het bedrijfsbeheer, waaronder de beroemde "vijf krachten van Porter".

- De waardeketen is een krachtig instrument, maar moet voorzichtig worden gebruikt. Wil het effectief zijn, dan moet men begrijpen dat elke analyse verschilt van bedrijf tot bedrijf.

- Het verbeteren van de waardeketen omvat complexe beslissingen die, wanneer zij met succes worden uitgevoerd, de ondernemingen in staat stellen hun doelstellingen te bereiken.

VERDER LEZEN

BIBLIOGRAFIE

Hartwich, F., Devlin, J. en Kormawa, P. (2011) Industrial Value Chain Diagnostics: Een geïntegreerd instrument. *Organisatie van de Verenigde Naties voor industriële ontwikkeling.* [Online]. [Geraadpleegd op 10 april 2018]. Beschikbaar op: < https://www.unido.org/sites/default/files/2011-07/IVC_Diagnostic_Tool_0.pdf>

Lachat, D. (2007) Winstketens, ondernemingsmodellen en talentontwikkeling. *Archive ouverte en Sciences de l'Homme et de la Société.* [Online]. [Geraadpleegd op 10 april 2018]. Beschikbaar op: < https://halshs.archives-ouvertes.fr/halshs-00124439/>

Magretta, J. (2012) *La Méthode Michael Porter.* Montreal: Éditions Transcontinental.

Porter, M. E. (1998) *Concurrentievoordeel: Het creëren en handhaven van superieure prestaties.* New York: Simon & Schuster.

Porter, M. E. (2008) The Five Competitive Forces That Shape Strategy. *Harvard Business Review.* [Online]. [Geraadpleegd op 10 april 2018]. Beschikbaar via: < https://hbr.org/2008/01/the-five-competitive-forces-that-shape-strategy>

Rother, M. en Shook, J. (1999) *Leren zien: Value Stream Mapping om waarde toe te voegen en MUDA te elimineren.* Cambridge: The Lean Enterprise Institute of Brookline Massachusetts.

Zeroual, T. , Blanquart, C. en Carbone, V. (2011) Supply Chain Management: portée et limites. L'Apport des théories des réseaux. *Les cahiers de recherche de l'ESCE*. [Online]. [Geraadpleegd op 10 april 2018]. Beschikbaar op: < https://hal.archives-ouvertes.fr/hal-00595752>

AANVULLENDE BRONNEN

Harvard Business Review. (2011) *HBR's 10 Must Reads over strategie.* Boston: Harvard Business School Publishing.

Magretta, J. (2012) *Understanding Michael Porter: The Essential Guide to Competition and Strategy.* Boston: Harvard Business School Publishing.

We horen graag van u! Laat
een reactie achter op jouw online bibliotheek
en deel je favoriete boeken op social media!

IMPROVE YOUR
GENERAL KNOWLEDGE
IN THE BLINK OF AN EYE !

www.50minutes.com

De uitgever garandeert de betrouwbaarheid van de gepubliceerde informatie, die echter niet onder zijn verantwoordelijkheid valt.

Master ISBN: 9782808063784
Papier ISBN: 9782808064071
Wettelijk depot: D/2022/12603/52

Digitaal ontwerp: Primento,
de digitale partner van uitgevers.